Libe

Financiera:

Aprende a Tomar el Control de tu Dinero y tu Tiempo Hoy

Volumen 2

Por

Income Mastery

La información en las siguientes páginas se considera, en términos generales, como una descripción veraz y precisa de los hechos y, como tal, cualquier falta de atención, uso o mal uso de la información en cuestión por parte del lector hará que las acciones resultantes sean únicamente de su competencia. No hay escenarios en los que el editor o el autor de este libro puedan ser considerados responsables de cualquier dificultad o daño que pueda ocurrirles después de realizar la información aquí expuesta.

Además, la información en las siguientes páginas está destinada únicamente a fines informativos y, por lo tanto, debe considerarse como universal. Como corresponde a su naturaleza, se presenta sin garantía con respecto a su validez prolongada o calidad provisional. Las marcas comerciales que se mencionan se realizan sin consentimiento por escrito y de ninguna manera pueden considerarse como auspicios de la misma.

Tabla de Contenidos

Capítulo 1: ¿Qué es la libertad financiera?

Es el momento en que no dependes de ingresos externos para mantener tu nivel de vida, gracias a que tus ingresos pasivos son suficientes para costear tus gastos. Por lo tanto, ya no necesitas un trabajo para vivir.

Se entiende por ingresos pasivos al dinero que una persona gana sin depender del tiempo que se invierta.

Por ejemplo:

- Intereses y ganancias por tus inversiones.
- Alquiler de inmuebles o parqueos.
- Ingresos ganados mediante una página web, etc.

Es necesario conocer los diferentes niveles de libertad financiera que existen:

- Seguridad financiera: Es cuando un individuo tiene ingresos pasivos que cubren sus gastos para vivir (agua, luz, alquiler, comida, necesidades básicas, etc.).

- Independencia financiera: Se refiere a cuando un individuo tiene el suficiente dinero para cubrir sus gastos de vida.

- Independencia absoluta: Es cuando un individuo tiene los suficientes o muchos más ingresos pasivos que podría gastar con su estilo de vida.

¿Cuál es la diferencia entre la libertad financiera y la independencia financiera?

La mayoría de la gente te dirá que significan lo mismo. Dirán que es solo una diferencia de terminología que se puede usar indistintamente.

¿Qué es la libertad financiera?

Libre de deudas: Absolutamente sin deudas. El dinero que una persona financieramente libre hace va a nadie más que a ellos (y desafortunadamente a través de los impuestos, al gobierno).

Ahorros de Emergencia: Tenga un nivel de ahorros (disponibles inmediatamente) que lo sostendrán durante cualquier período de pérdida de ingresos o cubrirán gastos inesperados. La regla general es de 6 meses de gastos, pero su meta debe depender de su nivel de comodidad, estabilidad de ingresos y ganancias.

Ahorros para la jubilación: Dinero ahorrado (invertido) lo suficiente como para complementar el seguro social o una pensión en el momento de la jubilación para que pueda vivir cómodamente sin cambiar su estilo de vida típico. Una vez más, una regla general para los ahorros de jubilación es eliminar el 15% de su ingreso bruto mientras trabaja, preferiblemente en cuentas protegidas de impuestos.

Seguro: Es posible que no se aplique a todos, pero hay una gran cantidad de opciones de seguro disponibles. Hogar, automóvil, vida, salud, etc. El punto es que debe tener suficiente seguro para protegerse de una pérdida catastrófica.

Cuidado a largo plazo: Todo el mundo envejece. Es un hecho inevitable de la vida que desearía que no fuera verdad. Dicho esto, prepárate para la parte más cara de tu vida. El cuidado de la salud, si bien es un gasto que vale la pena, te podría dejar sin dinero. Si no está listo para enfrentar los desafíos del futuro, tendrá opciones limitadas. Piense en sus preferencias de cuidado en el hogar, asilos y centros de rehabilitación. Si usted depende de sus hijos para que lo cuiden financieramente, tenga en cuenta que estará afectando severamente sus posibilidades de libertad financiera.

¿Qué es la independencia financiera?

"La independencia financiera es el estado financiero de un individuo o una familia que cumple con los requisitos de la libertad financiera con un par de variaciones". La meta final para una persona o familia que se esfuerza por ser financieramente independiente es tener la opción de jubilarse antes, o continuar trabajando (bajo sus propios términos).

Deuda cubierta: Si se usa con cuidado, la deuda cubierta se puede usar para financiar inversiones que pueden ayudar a crear riqueza. Esto significa que usted está usando la deuda como apalancamiento para financiar una inversión que está garantizada por un activo. Un ejemplo común de deuda cubierta es una hipoteca sobre una propiedad de alquiler. La hipoteca es la deuda. La propiedad es el activo que "cubre" la deuda. En otras palabras, si la propiedad se vendiera, pagaría la hipoteca en su totalidad. La deuda cubierta no es necesaria para cumplir las condiciones de independencia financiera, pero se utiliza con frecuencia para obtenerla.

Ahorros para la jubilación: Esfuércese por ahorrar lo suficiente para el período de jubilación tradicional para que no tenga que contar con ingresos suplementarios del seguro social o una pensión. Los ingresos de la seguridad social o de una pensión no son más que la guinda del pastel. Maximizar las cuentas con ventajas fiscales puede o no ser la mejor estrategia para todos, pero generalmente lo es. Los ahorradores que maximizan sus cuentas con ventajas fiscales generalmente lo hacen para diferir/evitar impuestos o para propósitos de sucesión/herencia.

Ingresos de inversión: Aquellos que buscan ser financieramente independientes generalmente tienen una parte significativa de sus inversiones en cuentas imponibles. Una técnica es tener suficientes ahorros en cuentas imponibles para acomodar una tasa de retiro que durará hasta el período en el que se puede comenzar a retirar los ahorros de jubilación. Luego, los retiros comenzarían desde las cuentas de jubilación hasta el final de la vida. Otra estrategia es tener suficiente en cuentas imponibles donde los ingresos de las inversiones cubrirían todos los gastos de por vida (viajes y cosas divertidas incluidas), permitiendo así retiros mínimos de las cuentas con ventajas fiscales más adelante en la vida. Básicamente, el flujo de caja de las inversiones reemplaza el ingreso laboral, liberándolo de depender de otros para ganarse la vida.

¿Cuál es la diferencia?

No hay mucha diferencia. Libertad financiera significa que no tiene deudas y es financieramente estable. Estás preparado para lidiar con lo que la vida te arroja sin la preocupación de vivir de un sueldo a otro. Estás trabajando, disfrutando de la vida y preparándote para una jubilación cómoda.

Por otro lado, la independencia financiera te lleva a otro nivel. Eres el epítome de vivir por debajo de tus posibilidades. Estás ahorrando todo lo que puedes y estás invirtiendo, o dirigiendo tu propio negocio. Te jubilarás temprano, harás lo que quieras y tendrás que darle explicaciones a nadie.

Capítulo 2: **Pasos a seguir para conseguir la libertad financiera:**

Lograr la libertad financiera es un objetivo para muchas personas. Generalmente significa tener suficientes ahorros, inversiones y efectivo a la mano para permitirnos el estilo de vida que queremos para nosotros y nuestras familias y un creciente ahorro que nos permitirá jubilarnos o seguir la carrera que queremos sin ser impulsados por ganar una cierta cantidad cada año. Demasiados de nosotros fallamos en alcanzar esa meta. Estamos agobiados por el aumento de las deudas, las emergencias financieras, el gasto despilfarrador y otros problemas que nos impiden alcanzar nuestras metas. Les sucede a todos, pero estos doce hábitos pueden ponerlo en el camino correcto.

1. Establezca objetivos de vida

Un deseo general de "libertad financiera" es un objetivo demasiado vago. ¿Qué significa para ti? Anote cuánto debe tener en su cuenta bancaria, qué implica el estilo de vida y a qué edad se debe lograr. Cuanto más específicos sean sus objetivos, mayor será la probabilidad de alcanzarlos. Luego, cuente hacia atrás hasta la edad actual y establezca hitos financieros a intervalos regulares. Anótelo todo cuidadosamente y coloque la hoja de objetivos al comienzo de su carpeta financiera.

2. Haga un presupuesto

Hacer un presupuesto familiar mensual y apegarse a él es la mejor manera de garantizar que todas las facturas se paguen y que los ahorros estén en camino. También es una rutina mensual que refuerza sus objetivos y refuerza la resolución contra la tentación de derrochar.

3. Pague las tarjetas de crédito en su totalidad

Las tarjetas de crédito y préstamos similares de alto interés para el consumidor son tóxicos para la creación de riqueza. Proponga pagar el saldo total cada mes. Los préstamos estudiantiles, hipotecas y préstamos similares generalmente tienen tasas de intereses mucho más bajas, lo que hace que sea menos una emergencia que pagar.

4. Cree ahorros automáticos

Págate a ti mismo primero. Inscríbase en el plan de jubilación de su empleador y haga pleno uso de cualquier beneficio de contribución equivalente. También es aconsejable tener un retiro automático para un fondo de emergencia que se puede aprovechar para gastos inesperados y una contribución automática a una cuenta de corretaje o cuenta similar. Idealmente, el dinero debe retirarse el mismo día que recibe su cheque de pago para que nunca toque sus manos, evitando la tentación por completo. Sin embargo, tenga en cuenta que la cantidad recomendada para ahorrar es muy debatida; y en algunos casos, la viabilidad de dicho fondo también está en duda.

5. Comience a invertir ahora, si aún no lo ha hecho

No hay forma mejor o probada y verdadera de hacer crecer su dinero que a través de la inversión. La magia del interés compuesto ayudará a que su dinero crezca exponencialmente con el tiempo, pero necesita mucho tiempo para lograr un crecimiento significativo. No intentes ser un seleccionador de acciones o engañarte para que pienses que puedes ser el próximo Warren Buffett. Sólo puede haber uno. Abra una cuenta de corretaje en línea que le permita aprender cómo invertir, crear una cartera manejable y hacer contribuciones semanales o mensuales automáticamente.

6. Cuida tu línea de crédito

El puntaje de crédito de una persona determina qué tasa se ofrece al comprar un auto nuevo o al refinanciar una casa. También afecta cosas aparentemente no relacionadas, como el seguro de automóvil y las primas de seguros de vida. El razonamiento es que una persona con hábitos financieros imprudentes también es imprudente en otros aspectos de la vida, como conducir y beber. Es por eso que es importante obtener un informe de crédito a intervalos regulares para asegurarse de que no haya marcas negras erróneas que arruinen su buen nombre.

7. Negocie

Muchas personas dudan en negociar bienes y servicios, y les preocupa que los haga parecer baratos. Supere esta desventaja cultural y podría ahorrar miles cada año. Las pequeñas empresas, en particular, tienden a estar abiertas a la negociación, donde comprar a granel o repetir negocios puede abrir la puerta a buenos descuentos.

8. Educación continua

Revise todos los cambios aplicables en las leyes fiscales cada año para asegurarse de que todos los ajustes y deducciones se maximicen. Manténgase al día con las noticias financieras y la evolución en el mercado de valores, y no dude en ajustar su cartera de inversiones en consecuencia. El conocimiento también es la mejor defensa contra aquellos que se aprovechan de inversores poco sofisticados para ganar dinero rápido.

9. Mantenimiento adecuado

Cuidar bien la propiedad hace que todo, desde automóviles y cortadoras de césped hasta zapatos y ropa, dure más. Dado que el costo de mantenimiento es una fracción del costo de reemplazo, es una inversión que no debe perderse.

10. Viva por sus propios medios

Dominar un estilo de vida frugal teniendo una mentalidad de vivir la vida al máximo con menos no es tan difícil. De hecho, muchos individuos ricos desarrollaron el hábito de vivir por debajo de sus posibilidades antes de llegar a la riqueza. Ahora, este no es un desafío para adoptar un estilo de vida minimalista ni un llamado a la acción para dirigirse al contenedor de basura con las cosas que ha acumulado a lo largo de los años. Solo hacer pequeños ajustes al distinguir entre las cosas que necesita en lugar de las que desea es un hábito financieramente útil y saludable para poner en práctica.

11. Consiga un asesor financiero

Una vez que haya llegado a un punto en el que pueda discernir si ha acumulado una cantidad decente de riqueza, ya sean inversiones líquidas o activos que son tangibles pero que no están tan fácilmente disponibles para convertir en efectivo, se recomienda encarecidamente a un asesor para educarlo y ayudarlo a tomar decisiones.

12. Cuide su salud

El principio de mantenimiento adecuado también se aplica al cuerpo. Algunas compañías tienen días de enfermedad limitados, por lo que es una pérdida notable de ingresos una vez que esos días se agotan. La obesidad y las dolencias hacen que las primas de los seguros se disparen, y la mala salud puede forzar una jubilación anticipada con menores ingresos mensuales.

Estos pasos no resolverán todos sus problemas de dinero, pero lo ayudarán a desarrollar hábitos útiles que pueden llevarlo hacia la libertad financiera.

Capítulo 3: ¿Qué son los estados financieros?

Los estados financieros son registros escritos de la situación financiera de una empresa. Incluyen informes estándares como el balance general, los estados de ingresos o ganancias y pérdidas, y el estado de flujo de efectivo. Se destacan como uno de los componentes más esenciales de la información comercial, y como el método principal para comunicar información financiera sobre una entidad a terceros. En un sentido técnico, los estados financieros son una suma de la posición financiera de una entidad en un momento dado. En general, los estados financieros están diseñados para satisfacer las necesidades de muchos usuarios, particularmente propietarios y acreedores actuales y potenciales. Los estados financieros son el resultado de simplificar, condensar y agregar diversos datos obtenidos principalmente del sistema de contabilidad de una empresa (o de un individuo).

Objetivos

"El objetivo de los estados financieros es proporcionar información sobre la posición financiera, el desempeño y los cambios en la posición financiera de una empresa que sea útil para una amplia gama de usuarios en la toma de decisiones económicas". Los estados financieros deben ser comprensibles, relevantes, fiable y comparable. Los activos, pasivos, patrimonio, ingresos y gastos informados están directamente relacionados con la posición financiera de una organización.

Los estados financieros están destinados a ser entendidos por lectores que tienen "un conocimiento razonable de las actividades económicas y comerciales y contables y que están dispuestos a estudiar la información diligentemente". Los usuarios pueden usar los estados financieros para diferentes propósitos:

Los propietarios y gerentes requieren estados financieros para tomar decisiones comerciales importantes que afectan sus operaciones continuas. Luego se realiza un análisis financiero de estas declaraciones para proporcionar a la gerencia una comprensión más detallada de las cifras. Estas declaraciones también se utilizan como parte del informe anual de la administración a los accionistas.

Los empleados también necesitan estos informes para hacer convenios colectivos de trabajo (CBA) con la gerencia, en el caso de los sindicatos o para las personas que discuten su compensación, promoción y clasificación.

Los posibles inversores hacen uso de los estados financieros para evaluar la viabilidad de invertir en un negocio. Los inversores suelen utilizar los análisis financieros y los preparan profesionales (analistas financieros), lo que les proporciona la base para tomar decisiones de inversión.

Las instituciones financieras (bancos y otras compañías de préstamos) los usan para decidir si otorgan a una compañía capital de trabajo nuevo o extienden valores de deuda (como un préstamo bancario a largo plazo u obligaciones) para financiar la expansión y otros gastos significativos.

Normas y reglamentos

Diferentes países han desarrollado sus propios principios contables a lo largo del tiempo, lo que dificulta las comparaciones internacionales de empresas. Para garantizar la uniformidad y comparabilidad entre los estados financieros preparados por diferentes compañías, se utiliza un conjunto de pautas y reglas. Comúnmente conocidos como Principios de contabilidad generalmente aceptados (GAAP), este conjunto de pautas proporciona la base para la preparación de los estados financieros, aunque muchas empresas divulgan voluntariamente información más allá del alcance de dichos requisitos.

Recientemente ha habido un impulso hacia la estandarización de las reglas de contabilidad hechas por el Consejo de Normas Internacionales de Contabilidad ("IASB"). IASB desarrolla Normas Internacionales de Información Financiera que han sido adoptadas por Australia, Canadá y la Unión Europea (solo para compañías que cotizan en bolsa), están siendo consideradas en Sudáfrica y otros países. La Junta de Normas de Contabilidad Financiera de los Estados Unidos se ha comprometido a converger los PCGA de EE. UU. y las NIIF a lo largo del tiempo.

Auditoría e implicaciones legales

Aunque las leyes difieren de un país a otro, generalmente se requiere una auditoría de los estados financieros de una empresa pública para fines de inversión, financiamiento e impuestos. Estos generalmente son realizados por contadores independientes o firmas de auditoría. Los resultados de la auditoría se resumen en un informe de auditoría que proporciona una opinión sin reservas sobre los estados financieros o calificaciones en cuanto a su imparcialidad y precisión. La opinión de auditoría sobre los estados financieros generalmente se incluye en el informe anual.

Ha habido mucho debate legal sobre a quién es responsable un auditor. Dado que los informes de auditoría tienden a estar dirigidos a los accionistas actuales, comúnmente se piensa que tienen el deber legal de cuidarlos. Pero este puede no ser el caso según lo determinado por el precedente del derecho consuetudinario. En Canadá, los auditores son responsables solo ante los inversores que utilizan un prospecto para comprar acciones en el mercado primario. En el Reino Unido, se los ha considerado responsables ante posibles inversores cuando el auditor conocía al posible inversor y cómo utilizarían la información en los estados financieros. Hoy en día, los auditores tienden a incluir en su informe la responsabilidad de restringir el lenguaje, desanimando a nadie más que a los destinatarios de su informe a no confiar en él. La responsabilidad es un tema importante: en el Reino Unido, por ejemplo, los auditores tienen una responsabilidad ilimitada

En los Estados Unidos, especialmente en la era posterior a Enron, ha habido una preocupación sustancial sobre la precisión de los estados financieros. Los funcionarios corporativos, el director ejecutivo (CEO) y el director financiero (CFO), son personalmente responsables de los informes financieros justos que brindan un sentido preciso de la organización a quienes leen el informe.

Informes Financieros

Según el Consejo de Normas de Contabilidad Financiera, la información financiera incluye no solo estados financieros, sino también otros medios para comunicar información financiera sobre una empresa a sus usuarios externos. Los estados financieros proporcionan información útil en las decisiones de inversión y crédito y en la evaluación de las perspectivas de flujo de efectivo. Proporcionan información sobre los recursos de una empresa, reclamos a esos recursos y cambios en los recursos.

La información financiera es un concepto amplio que abarca estados financieros, notas de los estados financieros, información complementaria (como el cambio de precios) y otros medios de información financiera (como discusiones y análisis de la administración, y cartas a los accionistas). La información financiera no es más que una fuente de información que necesitan quienes toman decisiones económicas sobre las empresas comerciales.

"El enfoque principal de la información financiera es la información sobre las ganancias y sus componentes. La información sobre ganancias basada en la contabilidad de acumulación generalmente proporciona una mejor indicación de la capacidad actual y continua de una empresa para generar flujos de efectivo positivos que la proporcionada por los recibos y pagos de efectivo."

Limitaciones de los estados financieros

Las limitaciones de los estados financieros son aquellos factores que un usuario debe tener en cuenta antes de confiar en ellos de manera excesiva. El conocimiento de estos factores podría resultar en una reducción de los fondos invertidos en un negocio, o acciones tomadas para investigar más a fondo. Las siguientes son todas las limitaciones de los estados financieros:

Dependencia de los costos históricos. Las transacciones se registran inicialmente a su costo. Esta es una preocupación al revisar el balance general, donde los valores de los activos y pasivos pueden cambiar con el tiempo. Algunos elementos, como los valores negociables, se modifican para que coincidan con los cambios en sus valores de mercado, pero otros elementos, como los activos fijos, no cambian.

Por lo tanto, el balance general puede ser engañoso si una gran parte del monto presentado se basa en costos históricos.

Efectos inflacionarios. Si la tasa de inflación es relativamente alta, los montos asociados con los activos y pasivos en el balance general aparecerán excesivamente bajos, ya que no se están ajustando por inflación. Esto se aplica principalmente a los activos a largo plazo.

Activos intangibles no registrados. Muchos activos intangibles no se registran como activos. En cambio, cualquier gasto realizado para crear un activo intangible se carga inmediatamente a gastos. Esta política puede subestimar drásticamente el valor de un negocio, especialmente uno que ha gastado una gran cantidad para construir una imagen de marca o desarrollar nuevos productos. Es un problema particular para las empresas de nueva creación que han creado propiedad intelectual, pero que hasta ahora han generado ventas mínimas.

Basado en un período de tiempo específico. Un usuario de estados financieros puede obtener una visión incorrecta de los resultados financieros o los flujos de efectivo de una empresa al observar solo un período de informe. Cualquier período puede variar de los resultados operativos normales de una empresa, tal vez debido a un aumento repentino en las ventas o efectos estacionales. Es mejor ver una gran cantidad de estados financieros consecutivos para obtener una mejor visión de los resultados en curso.

No siempre es comparable entre las empresas. Si un usuario desea comparar los resultados de diferentes compañías, sus estados financieros no siempre son comparables, porque las entidades usan diferentes prácticas contables. Estos problemas pueden localizarse examinando las revelaciones que acompañan a los estados financieros.

Sujeto a fraude. El equipo directivo de una empresa puede sesgar deliberadamente los resultados presentados. Esta situación puede surgir cuando existe una presión indebida para informar resultados excelentes, como cuando un plan de bonificación exige pagos solo si aumenta el nivel de ventas informado. Uno podría sospechar la presencia de este problema cuando los resultados reportados alcanzan un nivel que excede la norma de la industria.

No hay discusión de asuntos no financieros. Los estados financieros no abordan cuestiones no financieras, como la atención ambiental de las operaciones de una empresa o qué tan bien funciona con la comunidad local. Una empresa que reporta excelentes resultados financieros podría ser un fracaso en estas otras áreas.

No verificado. Si los estados financieros no han sido auditados, esto significa que nadie ha examinado las políticas, prácticas y controles contables del emisor para asegurarse de que haya creado estados financieros precisos. Una opinión de auditoría que acompaña a los estados financieros es evidencia de dicha revisión.

Sin valor predictivo. La información en un conjunto de estados financieros proporciona información sobre resultados históricos o el estado financiero de una empresa en una fecha específica. Las declaraciones no necesariamente proporcionan ningún valor para predecir lo que sucederá en el futuro. Por ejemplo, una empresa podría reportar excelentes resultados en un mes y ninguna venta en el mes siguiente, porque un contrato en el que confiaba ha finalizado.

Los estados financieros suelen ser documentos bastante útiles, pero vale la pena conocer los problemas anteriores antes de confiar demasiado en ellos.

Capítulo 4: Principios de los Estados Financieros

Los estados financieros básicos de una empresa incluyen 1) balance general (o estado de situación financiera), 2) estado de resultados, 3) estado de flujo de efectivo y 4) estado de cambios en el patrimonio de los propietarios o en el capital contable. Enumera los activos, pasivos de la entidad y, en el caso de una corporación, el capital contable en una fecha específica. El estado de resultados presenta un resumen de los ingresos, ganancias, gastos, pérdidas e ingresos netos o pérdidas netas de una entidad para un período específico. Esta declaración es similar a una imagen en movimiento de las operaciones de la entidad durante este período de tiempo. El estado de flujo de efectivo resume los recibos de efectivo y los pagos de efectivo de una entidad relacionados con sus actividades de operación, inversión y financiamiento durante un período particular. Una declaración de cambios en el patrimonio de los propietarios o en el patrimonio de los accionistas concilia el comienzo del período del patrimonio de una empresa con su saldo final.

Las partidas informadas actualmente en los estados financieros se miden por diferentes atributos (por ejemplo, costo histórico, costo actual, valor de mercado actual, valor confiable neto y valor presente de flujos de efectivo futuros). El costo histórico es el medio tradicional de presentar activos y pasivos.

Las notas a los estados financieros son divulgaciones informativas adjuntas al final de los estados financieros. Proporcionan información importante sobre asuntos tales como la depreciación y los métodos de inventario utilizados, detalles de la deuda a largo plazo, pensiones, arrendamientos, impuestos sobre la renta, pasivos contingentes, métodos de consolidación y otros asuntos. Las notas se consideran parte integral de los estados financieros. Las programaciones y las divulgaciones entre paréntesis también se utilizan para presentar información que no se proporciona en otra parte de los estados financieros.

Cada estado financiero tiene un encabezado, que proporciona el nombre de la entidad, el nombre del estado y la fecha u hora que abarca el estado. La información proporcionada en los estados financieros es principalmente de naturaleza financiera y se expresa en unidades de dinero. La información se refiere a una empresa comercial individual. La información a menudo es producto de aproximaciones y estimaciones, en lugar de mediciones exactas. Los estados financieros generalmente reflejan los efectos financieros de transacciones y eventos que ya han sucedido (es decir, históricos).

Los estados financieros que presentan datos financieros durante dos o más períodos se denominan estados comparativos. Los estados financieros comparativos generalmente dan informes similares para el período actual y para uno o más períodos anteriores. Proporcionan a los analistas información importante sobre tendencias y relaciones durante dos o más años. Las declaraciones comparativas son considerablemente más significativas que las declaraciones de un año. Enfatizan el hecho de que las declaraciones financieras para un solo período contable son solo una parte de la historia continua de la compañía.

Los estados financieros intermedios son informes por períodos de menos de un año. El propósito de los estados financieros intermedios es mejorar la puntualidad de la información contable. Algunas compañías emiten estados financieros completos, mientras que otras emiten resúmenes. Cada período intermedio debe considerarse principalmente como una parte integral de un período anual y, en general, debe continuar utilizando los principios de contabilidad generalmente aceptados (PCGA) que se utilizaron en la preparación del último informe anual de la compañía. Los estados financieros a menudo son auditados por contadores independientes con el fin de aumentar la confianza del usuario en su fiabilidad.

Cada estado financiero se prepara sobre la base de varios supuestos contables: que todas las transacciones pueden expresarse o medirse en dólares; que la empresa continuará en el negocio indefinidamente; y que las declaraciones se prepararán a intervalos regulares. Estos supuestos proporcionan la base para la estructura de la teoría y práctica de la contabilidad financiera, y explican por qué la información financiera se presenta de una manera determinada.

Los estados financieros también deben prepararse de acuerdo con los principios de contabilidad generalmente aceptados, y deben incluir una explicación de los procedimientos y políticas contables de la compañía. Los principios de contabilidad estándar requieren el registro de activos y pasivos al costo; el reconocimiento de ingresos cuando se realiza y cuando se ha llevado a cabo una transacción (generalmente en el punto de venta), y el reconocimiento de gastos de acuerdo con el principio de correspondencia (costos a ingresos). Los principios contables estándar requieren además que las incertidumbres y los riesgos relacionados con una empresa se reflejen en sus informes contables y que, en general, todo lo que sea de interés para un inversor informado debe divulgarse por completo en los estados financieros.

Estos son los 4 principios básicos de los estados financieros:

1. Estado de resultados

Es un informe financiero que muestra los resultados financieros de una entidad durante un período específico de tiempo. El período de tiempo cubierto generalmente es de un mes, trimestre o año, aunque es posible que también se puedan usar períodos parciales. Este es el estado financiero más utilizado. Las clasificaciones generales de información anotadas en el estado de resultados son las siguientes:

✓ Ingreso: Los ingresos son un aumento de los activos o una disminución de los pasivos causados por la prestación de servicios o productos a los clientes. Es una cuantificación de la actividad bruta generada por un negocio. Según la base contable devengada, los ingresos generalmente se reconocen cuando se envían bienes o se entregan servicios al cliente. Bajo la base contable en efectivo, los ingresos generalmente se reconocen cuando se recibe efectivo del cliente después de recibir bienes o servicios. Por lo tanto, el reconocimiento de ingresos se retrasa bajo la base contable en efectivo, en comparación con la base contable devengada.

La Comisión de Bolsa y Valores impone normas más restrictivas a las empresas públicas sobre cuándo se pueden reconocer los ingresos, por lo que los ingresos pueden retrasarse cuando la recaudación de los clientes es incierta.

Hay varias deducciones que pueden hacerse de los ingresos, como las devoluciones de ventas y las asignaciones de ventas, que pueden usarse para llegar a la cifra de ventas netas. Los impuestos a las ventas no están incluidos en los ingresos, ya que el vendedor los recauda en nombre del gobierno. En cambio, los impuestos sobre las ventas se registran como un pasivo.

Los ingresos se enumeran en la parte superior del estado de resultados. Una variedad de gastos relacionados con el costo de los bienes vendidos y los gastos de venta, generales y administrativos se restan de los ingresos para llegar a la ganancia neta de un negocio.

Hubieron muchas normas que rigen el reconocimiento de ingresos, que se han consolidado en la norma GAAP en relación con los contratos con los clientes.

✓ Costo de los bienes vendidos: El costo de los bienes vendidos es el total acumulado de todos los costos utilizados para crear un producto o servicio que se ha vendido. Estos costos se incluyen en las subcategorías generales de mano de obra directa, materiales y gastos generales. En un negocio de servicios, el costo de los bienes vendidos se considera la mano de obra, los impuestos sobre la nómina y los beneficios de aquellas personas que generan horas facturables (aunque el término puede cambiarse a "costo de los servicios"). En un negocio minorista o mayorista, es probable que el costo de los bienes vendidos sea una mercancía que se compró a un fabricante.

En la presentación del estado de resultados, el costo de los bienes vendidos se resta de las ventas netas para llegar al margen bruto de un negocio.

En un sistema de inventario periódico, el costo de los bienes vendidos se calcula como inventario inicial + compras - inventario final. Se supone que el resultado, que representa los costos que ya no se encuentran en el almacén, debe estar relacionado con los bienes que se vendieron. En realidad, esta derivación de costos también incluye el inventario que fue desechado, o declarado obsoleto y eliminado del inventario, o el inventario que fue robado. Por lo tanto, el cálculo tiende a asignar demasiados gastos a los bienes que se vendieron, y que en realidad fueron costos que se relacionan más con el período actual.

En un sistema de inventario perpetuo, el costo de los bienes vendidos se compila continuamente a lo largo del tiempo a medida que los bienes se venden a los clientes. Este enfoque implica el registro de una gran cantidad de transacciones separadas, como ventas, chatarra, obsolescencia, etc. Si se utiliza el conteo cíclico para mantener altos niveles de precisión de registro, este enfoque tiende a producir un mayor grado de precisión que el cálculo del costo de los bienes vendidos bajo el sistema de inventario periódico.

El costo de los bienes vendidos también puede verse afectado por el tipo de metodología de costos utilizado para derivar el costo del inventario final. Considere el impacto de los siguientes dos métodos de costeo de inventario:

Primero en entrar, primero en salir. Bajo este método, conocido como FIFO, se supone que la primera unidad agregada al inventario es la primera utilizada. Por lo tanto, en un entorno inflacionario donde los precios están aumentando, esto tiende a resultar en que los bienes de menor costo se carguen al costo de los bienes vendidos.

Último en entrar, primero en salir. Bajo este método, conocido como LIFO, se supone que la última unidad agregada al inventario es la primera utilizada. Por lo tanto, en un entorno inflacionario donde los precios están aumentando, esto tiende a resultar en que los bienes de mayor costo se carguen al costo de los bienes vendidos.

✓ Margen bruto (ingresos - costo de bienes vendidos): El margen bruto es la venta neta de una empresa menos el costo de los bienes vendidos. El margen bruto revela la cantidad que una empresa gana de la venta de sus productos y servicios, antes de deducir los gastos administrativos y de venta. La cifra puede variar dramáticamente según la industria. Por ejemplo, una empresa que vende descargas electrónicas a través de un sitio web puede tener un margen bruto extremadamente alto, ya que no vende ningún producto físico al que se le pueda asignar un costo. Por el contrario, la venta de un producto físico, como un automóvil, dará como resultado un margen bruto mucho más bajo.

La cantidad de margen bruto ganado por una empresa dicta el nivel de financiación que queda para pagar las actividades administrativas y de venta y los costos de financiación, así como para generar ganancias. Es una preocupación clave en la derivación de un presupuesto, ya que impulsa la cantidad de gastos que se pueden realizar en estas clasificaciones de gastos adicionales.

✓ Gastos de venta, generales y administrativos: Los gastos de venta, generales y administrativos (SG&A) se componen de todos los gastos operativos de una empresa que no están incluidos en el costo de los bienes vendidos. La gerencia debe mantener un control estricto sobre estos costos, ya que aumentan el punto de equilibrio de un negocio. Los gastos de venta, generales y administrativos aparecen en el estado de resultados, debajo del costo de los bienes vendidos. Puede dividirse en una serie de partidas de gastos o consolidarse en una sola partida (que es más común cuando se presenta el estado de resultados condensado).

Los siguientes departamentos y sus gastos se consideran dentro de la clasificación SG&A:

❖ Gastos contables y legales.

❖ Gastos corporativos.

❖ Gastos de instalaciones.

❖ Gastos de ventas y marketing.

La clasificación generalmente no incluye los gastos incurridos por el departamento de investigación y desarrollo. Además, no incluye los costos de financiamiento, como los ingresos por intereses y los gastos por intereses, ya que no se consideran costos operativos.

Los gastos de venta, generales y administrativos se componen principalmente de costos que se consideran parte de los gastos generales de la empresa, ya que no se pueden rastrear hasta la venta de productos específicos. Sin embargo, algunos de estos costos pueden considerarse costos directos. Por ejemplo, las comisiones de ventas se relacionan directamente con las ventas de productos y, sin embargo, pueden considerarse parte de los gastos generales y administrativos. Cuando un costo de gastos generales y administrativos se considera un costo directo, es aceptable cambiar el costo a la clasificación del costo de los bienes vendidos en el estado de resultados.

✓ Ingresos operativos (margen bruto - ventas, gastos generales y administrativos): El ingreso operativo es el ingreso neto de una entidad, sin incluir el impacto de cualquier actividad financiera o impuestos. La medida revela la capacidad de una entidad para generar ganancias de sus actividades operativas. El ingreso operativo se posiciona como un subtotal en un estado de resultados de varios pasos después de todos los gastos generales y administrativos, y antes de los ingresos por intereses y gastos por intereses.

La fórmula de ingresos operativos es:

Ventas netas - Costo de bienes vendidos - Gastos operativos = Ingresos operativos

La medida se puede modificar aún más para excluir eventos no recurrentes, como un pago asociado con una demanda perdida. Hacerlo, presenta una mejor visión de la rentabilidad central de una empresa. Sin embargo, este concepto puede llevarse demasiado lejos, ya que incurrir en gastos ocasionales no recurrentes es una parte normal de estar en el negocio.

Los ingresos operativos son seguidos de cerca por los inversores, que desean comprender la capacidad de las operaciones centrales de una empresa para crecer orgánicamente y obtener ganancias, sin financiamiento externo y otros problemas que interfieren con los resultados informados. La medida puede ser particularmente reveladora cuando se ve en una línea de tendencia, y especialmente como un porcentaje de las ventas netas, para ver picos y caídas en el número a lo largo del tiempo. El ingreso operativo también se puede comparar con el de otras compañías en la misma industria para obtener una comprensión del rendimiento relativo.

Los gerentes de un negocio pueden alterar fraudulentamente la cifra de ingresos operativos con una variedad de trucos contables, como una política de reconocimiento de ingresos diferente, reconocimiento de gastos acelerado o retrasado y/o cambios en las reservas.

✓ Ingreso por gastos de impuesto: El gasto por impuesto sobre la renta es la cantidad de gasto que una empresa reconoce en un período contable para el impuesto gubernamental relacionado con su ganancia imponible. Es improbable que el monto del gasto por impuesto sobre la renta reconocido coincida exactamente con el porcentaje estándar del impuesto sobre la renta que se aplica a los ingresos del negocio, ya que hay una serie de diferencias entre el monto de ingresos reportable bajo los marcos GAAP o IFRS y el monto de ingresos reportables permitido bajo el código tributario gubernamental aplicable. Por ejemplo, muchas compañías usan la depreciación lineal para calcular la depreciación reportada en sus estados financieros, pero emplean la depreciación acelerada para obtener sus ganancias imponibles. El resultado es una cifra de ingresos imponibles inferior a la cifra de ingresos declarados. Algunas corporaciones se esfuerzan tanto por retrasar o evitar los impuestos que su gasto por impuesto sobre la renta es casi cero, a pesar de reportar grandes ganancias.

El cálculo del gasto del impuesto sobre la renta puede ser tan complicado que esta tarea se subcontrata a un experto en impuestos. Si es así, una empresa generalmente registra un gasto fiscal aproximado mensualmente que se basa en un porcentaje histórico, que el experto fiscal ajusta trimestralmente o más.

El gasto del impuesto sobre la renta se informa como una partida en el estado de resultados corporativos, mientras que cualquier responsabilidad por impuestos sobre la renta impagos se informa en la partida del impuesto sobre la renta en el balance.

✓ Ingreso neto o pérdida neta: El ingreso neto es el exceso de ingresos sobre los gastos. Esta medición es uno de los indicadores clave de la rentabilidad de la empresa, junto con el margen bruto y los ingresos antes de impuestos. Un cálculo común para el ingreso neto es:

Ventas netas - Costo de los bienes vendidos - Gastos administrativos - Gastos por impuesto a las ganancias = Ingresos netos

Por ejemplo, los ingresos de $ 1,000,000 y los gastos de $ 900,000 producen un ingreso neto de $ 100,000. En este ejemplo, si el monto de los gastos hubiera sido mayor que los ingresos, el resultado se habría denominado pérdida neta, en lugar de ingreso neto.

El ingreso neto se usa comúnmente como una medida del desempeño de la compañía. Sin embargo, puede producir resultados engañosos en las siguientes circunstancias:

❖ Los flujos de efectivo (un mejor indicador de la salud de la compañía) pueden diferir significativamente del beneficio neto, debido a la inclusión de ingresos y gastos no monetarios en la compilación de la cifra de beneficio neto.

❖ El ingreso neto derivado bajo la base contable en efectivo puede variar sustancialmente del ingreso neto derivado bajo la base contable devengada, ya que el primer método se basa en las transacciones en efectivo, y el último método registra las transacciones independientemente de los cambios en los flujos de efectivo.

❖ Las prácticas contables fraudulentas o agresivas pueden generar ingresos netos inusualmente grandes que no reflejan adecuadamente la rentabilidad subyacente de un negocio.

❖ Un enfoque indebido en los ingresos netos puede enmascarar otros problemas en una empresa, como el uso excesivo de capital de trabajo, la disminución de los saldos de efectivo, el inventario obsoleto, el uso intensivo de la deuda, etc.

2. Balance general

El balance general es un informe que resume todos los activos, pasivos y patrimonio de una entidad en un momento dado. Por lo general, es utilizado por prestamistas, inversores y acreedores para estimar la liquidez de un negocio. El balance general es uno de los documentos incluidos en los estados financieros de una entidad. De los estados financieros, el balance general se presenta al final del período sobre el que se informa, mientras que el estado de resultados y el estado de flujos de efectivo cubren todo el período sobre el que se informa.

Las líneas de pedido típicas incluidas en el balance general (por categoría general) son:

✓ Activos: efectivo, valores negociables, gastos prepagos, cuentas por cobrar, inventario y activos fijos.
✓ Pasivos: cuentas por pagar, pasivos acumulados, pagos anticipados de clientes, impuestos por pagar, deuda a corto plazo y deuda a largo plazo.
✓ Capital contable: acciones, capital pagado adicional, ganancias retenidas y acciones propias.

El conjunto exacto de partidas incluidas en un balance dependerá de los tipos de transacciones comerciales en las que esté involucrada una organización. Por lo general, las partidas utilizadas para los balances de las empresas ubicadas en la misma industria serán similares, ya que todas se ocupan de los mismos tipos de transacciones. Las partidas se presentan en su orden de liquidez, lo que significa que los activos más fácilmente convertibles en efectivo se enumeran primero, y los pasivos que deben liquidarse lo antes posible se enumeran primero.

La cantidad total de activos enumerados en el balance general siempre debe ser igual al total de todos los pasivos y cuentas de patrimonio enumerados en el balance general (también conocido como la ecuación contable), para la cual la ecuación es:

Activos = Pasivos + Patrimonio

Si este no es el caso, se considera que un balance no está equilibrado y no debe emitirse hasta que se haya localizado y corregido el error de registro contable subyacente que causa el desequilibrio.

3. Estado de flujos de efectivo

El estado de flujos de efectivo es uno de los estados financieros emitidos por una empresa y describe los flujos de efectivo dentro y fuera de la organización. Su enfoque particular está en los tipos de actividades que crean y usan efectivo, que son operaciones, inversiones y financiamiento. Aunque el estado de flujos de efectivo generalmente se considera menos crítico que el estado de resultados y el balance general, se puede utilizar para discernir tendencias en el desempeño del negocio que no son fácilmente aparentes en el resto de los estados financieros. Es especialmente útil cuando existe una divergencia entre la cantidad de ganancias reportadas y la cantidad de flujo de efectivo neto generado por las operaciones.

Puede haber diferencias significativas entre los resultados mostrados en el estado de resultados y los flujos de efectivo en este estado, por las siguientes razones:

- ❖ Existen diferencias temporales entre el registro de una transacción y el momento en que el efectivo relacionado se gasta o recibe.

- ❖ La gerencia puede estar utilizando un reconocimiento agresivo de ingresos para informar ingresos para los cuales los recibos de efectivo todavía están en el futuro.

- ❖ El negocio puede ser intensivo en activos y, por lo tanto, requiere grandes inversiones de capital que no aparecen en el estado de resultados, excepto con retraso como depreciación.

Muchos inversionistas sienten que el estado de flujos de efectivo es el más transparente de los estados financieros (es decir, el más difícil de evitar), por lo que tienden a confiar en él más que en los otros estados financieros para discernir el verdadero desempeño de un negocio. Pueden usarlo para determinar las fuentes y usos del efectivo.

Los flujos de efectivo en el estado de cuenta se dividen en 3 grupos:

❖ *Actividades operativas:* Estas son una clasificación de los flujos de efectivo dentro del estado de flujos de efectivo. Las partidas clasificadas dentro de esta área son la principal actividad generadora de ingresos de una entidad, por lo que los flujos de efectivo generalmente están asociados con ingresos y gastos. Ejemplos de entradas de efectivo de actividades operativas son:

  ✓ Recibos de efectivo por la venta de bienes y servicios.

  ✓ Recibos de efectivo de la colección de cuentas por cobrar.

  ✓ Recibos de efectivo de acuerdos de demanda.

  ✓ Recibos de efectivo de la liquidación de reclamaciones de seguros.

✓ Recibos de efectivo de reembolsos de proveedores.

✓ Recibos de efectivo de licenciatarios.

Ejemplos de salidas de efectivo para actividades operativas son:

✓ Pagos en efectivo a empleados.
✓ Pagos en efectivo a proveedores.
✓ Pago de multas en efectivo.
✓ Pagos en efectivo para resolver demandas.
✓ Pago de impuestos en efectivo.
✓ Reembolsos en efectivo a clientes.
✓ Pagos en efectivo para liquidar obligaciones de retiro de activos.
✓ Pagos en efectivo de intereses a acreedores.
✓ Pagos en efectivo de contribuciones.

Las otras dos clasificaciones utilizadas en el estado de flujos de efectivo son actividades de inversión y actividades de financiación. La clasificación de actividades operativas es la clasificación predeterminada, por lo que si un flujo de efectivo no pertenece a ninguna de las otras clasificaciones, se coloca en actividades operativas.

❖ *Actividades de inversión.* Los flujos de efectivo de las actividades de inversión son una partida en el estado de flujos de efectivo, que es uno de los documentos que comprende los estados financieros de una empresa. Esta línea de pedido contiene la suma total de los cambios que experimentó una empresa durante un período de informe designado en ganancias o pérdidas de inversión, así como de cualquier nueva inversión o venta de activos fijos. Los elementos que pueden incluirse en la línea de actividades de inversión incluyen los siguientes:

✓ Compra de activos fijos (flujo de caja negativo).
✓ Venta de activos fijos (flujo de caja positivo).
✓ Compra de instrumentos de inversión, como acciones y bonos (flujo de caja negativo).
✓ Venta de instrumentos de inversión, como acciones y bonos (flujo de caja positivo).
✓ Préstamo de dinero (flujo de caja negativo).
✓ Cobro de préstamos (flujo de caja positivo).
✓ Producto de las liquidaciones de seguros relacionadas con activos fijos dañados (flujo de caja positivo).

Si una compañía informa estados financieros consolidados, las partidas anteriores agregarán las actividades de inversión de todas las subsidiarias incluidas en los resultados consolidados.

El elemento de línea de los flujos de efectivo de las actividades de inversión es uno de los más importantes en el estado de flujos de efectivo, ya que puede ser una fuente o uso sustancial de efectivo que compensa significativamente cualquier cantidad positiva o negativa de flujo de efectivo generado por las operaciones. Es particularmente importante en industrias pesadas en capital, como la manufactura, que requieren grandes inversiones en activos fijos. Cuando una empresa informa flujos de efectivo netos persistentemente negativos para la compra de activos fijos, este es un fuerte indicador de que la empresa está en modo de crecimiento y cree que puede generar un retorno positivo de inversiones adicionales.

❖ *Actividades de financiación.* Estos constituyen actividades que alterarán el capital o los préstamos de una empresa. Ejemplos de esto son: la venta de acciones de la compañía, la recompra de acciones y el pago de dividendos.

Hay dos formas de presentar el estado de flujos de efectivo que son el método directo y el método indirecto. El método directo requiere que una organización presente información de flujo de efectivo que esté directamente asociada con los elementos que desencadenan los flujos de efectivo, tales como:

- ✓ Efectivo recaudado de clientes.
- ✓ Intereses y dividendos recibidos.
- ✓ Efectivo pagado a los empleados.
- ✓ Efectivo pagado a proveedores.
- ✓ Pago interesado.
- ✓ Impuestos a la renta pagados.

Pocas organizaciones recopilan información según sea necesario para el método directo, por lo que utilizan el método indirecto. Bajo el enfoque indirecto, el estado comienza con la utilidad o pérdida neta reportada en el estado de resultados de la compañía, y luego realiza una serie de ajustes a esta cifra para llegar a la cantidad de efectivo neto proporcionado por las actividades operativas. Estos ajustes generalmente incluyen lo siguiente:

- ✓ Depreciación y amortización.
- ✓ Provisión para pérdidas en cuentas por cobrar.
- ✓ Ganancia o pérdida en la venta de activos.
- ✓ Cambio en cuentas por cobrar.
- ✓ Cambio en inventario.
- ✓ Cambio en cuentas por pagar.

El elemento de línea de los flujos de efectivo de las actividades de financiamiento es uno de los elementos más importantes en el estado de flujos de efectivo, ya que puede representar una fuente sustancial o uso de efectivo que compensa significativamente cualquier cantidad positiva o negativa de flujo de efectivo generado por las operaciones. Por otro lado, una organización más pequeña que no tiene deudas y no paga dividendos puede descubrir que no tiene actividades financieras en un período de informe, por lo que no necesita incluir esta partida en su estado de flujos de efectivo.

Debe profundizar en las razones de un gran saldo positivo o negativo en los flujos de efectivo de las actividades financieras, ya que puede, por ejemplo, denotar la necesidad de un préstamo grande para respaldar los flujos de efectivo negativos continuos de las operaciones. Por lo tanto, grandes cantidades en esta línea de pedido pueden considerarse un desencadenante para una investigación más detallada.

4. Declaración de ganancias retenidas

El estado de ganancias retenidas concilia los cambios en la cuenta de ganancias retenidas durante un período de informe. El estado comienza con el saldo inicial en la cuenta de ganancias retenidas y luego suma o resta elementos tales como ganancias y pagos de dividendos para llegar al saldo final de ganancias retenidas. La estructura general de cálculo de la declaración es:

Ganancias retenidas iniciales + Ingresos netos - Dividendos = Ganancias retenidas finales

El estado de ganancias retenidas se presenta más comúnmente como un estado separado, pero también se puede agregar al final de otro estado financiero.

Ejemplo de la declaración de ganancias retenidas

El siguiente ejemplo muestra la versión más simplificada de un estado de ganancias retenidas:

Arnold Construction Company

Declaración de ganancias retenidas

por el año terminado el 12 / 31x2

Ganancias retenidas al 31 de diciembre de 20x1	$150,000
Utilidad neta para el año terminado al 31 de diciembre de 20X2	40,000
Dividendos pagados a los accionistas	-25,000
Ganancias retenidas al 31 de diciembre de 20X2	$165,000

El estado de cuenta se usa más comúnmente cuando se emiten estados financieros a entidades fuera de un negocio, como inversores y prestamistas. Cuando los estados financieros se desarrollan estrictamente para uso interno, esta declaración generalmente no se incluye, debido a que no es necesaria desde una perspectiva operativa.

Cuando los estados financieros se emiten internamente, el equipo de administración generalmente solo ve el estado de resultados y el balance general, ya que estos documentos son relativamente fáciles de preparar.

Los cuatro principios financieros básicos pueden estar acompañados de divulgaciones extensas que brinden información adicional sobre ciertos temas, según lo definido por el marco contable relevante (como los principios contables generalmente aceptados).

Capítulo 5: Beneficios de los estados financieros

Hay muchos beneficios de la información financiera, por lo que una empresa debería querer mantener estados financieros detallados y precisos. Por un lado, existen requisitos de información financiera si su empresa es una empresa pública con inversores y accionistas. Por otro lado, si paga impuestos al Servicio de Impuestos Internos, tendrá que compartir mucha información sobre sus ingresos, gastos, deudas y otra información sobre sus activos y pasivos.

Algunas investigaciones sugieren que, al analizar los datos de los estados financieros, la administración de la empresa puede tomar decisiones más informadas sobre el funcionamiento de la organización y aumentar la productividad del marketing hasta en un 20%. Basado en el hecho de que las empresas de todo el mundo gastan un total de aproximadamente $ 1 billón cada año en marketing, eso puede sumar aproximadamente $ 200 mil millones. El aumento de la productividad es sin duda una de las muchas ventajas de los estados financieros que hacen que valga la pena prestar atención a la información provista en ellos.

Además de las ramificaciones legales de no mantener buenos libros, existen muchos otros beneficios de la información financiera que los estados financieros brindan a la salud y el crecimiento a largo plazo de una empresa. Cada uno tiene su propio papel que desempeñar en la instantánea que ofrece.

Mejor gestión de la deuda. La cantidad de deuda que tiene su empresa y en qué forma, es una medida importante de la salud financiera de su empresa. Los estados financieros separan sus activos de los pasivos y le dan una idea de lo que debe en comparación con lo que está aportando.

Una de las ventajas de los estados financieros es saber cuáles son sus activos líquidos para que pueda ayudarlo a administrar las deudas que tiene y pagar primero los pasivos de mayor costo.

Identificando tendencias. Los estados financieros ayudan a la gerencia de una empresa a analizar de manera rápida y detallada las formas en que han estado haciendo negocios durante un período de tiempo, así como a identificar cualquier tendencia pasada o presente que pueda conducir a problemas en el futuro y que sea necesario ser abordado de inmediato. También se pueden usar para identificar tendencias de ventas y crecimiento que podrían conducir a una mayor rentabilidad.

Seguimiento de progreso en tiempo real. Los estados financieros están diseñados para ser documentos fluidos que cambian muchas veces en el transcurso de un período de informe, dependiendo de muchos factores de ingresos y gastos diferentes. Por lo tanto, prestar mucha atención a las declaraciones como el balance general puede facilitar la toma de decisiones importantes mientras ocurren las cosas, en lugar de tener que responder retroactivamente a recibir malas noticias más adelante.

Gestión de pasivos. Cada negocio tiene pasivos que van desde préstamos comerciales hasta tarjetas de crédito, cuentas de proveedores y otras cuentas por pagar. Siempre es una buena idea tener esta información disponible, y si solicita la mayoría de los préstamos o líneas de crédito, generalmente se espera que tenga esta información disponible rápidamente y en un formato fácil de leer.

Progreso y cumplimiento. Otra de las muchas ventajas de los estados financieros es que, al tener una serie de documentos financieros precisos, será mucho más fácil para usted evaluar si su negocio está progresando o no.

Además, si la empresa alguna vez es auditada, lo primero que solicitará un contador son los estados financieros de la empresa para cumplir con las normas de auditoría generalmente aceptadas que rigen su industria.

Además, están sujetos a los requisitos de información financiera que exige la ley para informar si sus documentos no cumplen con los estándares. Eso puede verse mal para los reguladores e inversores gubernamentales.

Ventaja y desventajas de los estados financieros

Ventaja: la capacidad de detectar patrones

Los estados financieros revelan cuánto gana una empresa por año en ventas. Las ventas pueden fluctuar, pero los planificadores financieros deben poder identificar un patrón durante años de cifras de ventas. Por ejemplo, la compañía puede tener un patrón de mayores ventas cuando se lanza un nuevo producto. Las ventas pueden caer después de aproximadamente un año de estar en el mercado. Esto es beneficioso, ya que muestra patrones potenciales y de ventas para que los ejecutivos sepan que esperan una caída en las ventas.

Ventaja: una posibilidad de presupuesto

Otra ventaja de usar los estados financieros para la planificación futura y la toma de decisiones es que muestran los presupuestos de la empresa. Los presupuestos revelan cuánto margen de maniobra tiene la empresa para lanzar productos, desarrollar campañas de marketing o ampliar el tamaño actual de la oficina. Saber cuánto dinero está disponible para la planificación y la toma de decisiones asegura que la empresa no gaste más de lo esperado.

Desventaja: basado en patrones de mercado

Una desventaja de usar estados financieros para la toma de decisiones es que los datos y las cifras se basan en el mercado en ese momento dado. Dependiendo del mercado, puede cambiar rápidamente, por lo que los ejecutivos no deben suponer que los números de un estado financiero anterior seguirán siendo los mismos o aumentarán. El hecho de que una empresa haya vendido 5 millones de copias de un producto durante un año no garantiza que venda la misma cantidad o más. Puede vender mucho menos si un competidor lanza un producto similar.

Desventaja: análisis a la vez

Otra desventaja es que un solo estado financiero solo muestra cómo le está yendo a una compañía en ese momento. El estado financiero no muestra si la compañía está mejor o peor que el año anterior, por ejemplo. Si los ejecutivos deciden usar estados financieros para tomar decisiones sobre el futuro, deben usar varios estados financieros de meses y años anteriores para asegurarse de tener una idea general de cuánto está haciendo la compañía. El estado financiero se convierte en un análisis continuo, que es más útil que usar un solo estado.

6 pasos para un análisis efectivo de los estados financieros

Para cualquier profesional financiero, es importante saber cómo analizar efectivamente los estados financieros de una empresa. Esto requiere una comprensión de tres áreas clave:

- ✓ La estructura de los estados financieros.
- ✓ Las características económicas de la industria en la que opera la empresa.
- ✓ Las estrategias que la empresa persigue para diferenciarse de sus competidores.

Generalmente hay seis pasos para desarrollar un análisis efectivo de los estados financieros.

1. Identificar las características económicas de la industria.

Primero, determine un análisis de la cadena de valor para la industria: la cadena de actividades involucradas en la creación, fabricación y distribución de los productos y/o servicios de la empresa. Las técnicas como las cinco fuerzas de Porter o el análisis de los atributos económicos se utilizan generalmente en este paso.

2. Identificar estrategias de la empresa.

A continuación, observe la naturaleza del producto/servicio que ofrece la empresa, incluida la singularidad del producto, el nivel de los márgenes de beneficio, la creación de lealtad a la marca y el control de los costos. Además, se deben considerar factores como la integración de la cadena de suministro, la diversificación geográfica y la diversificación de la industria.

3. Evaluar la calidad de los estados financieros de la empresa.

Revise los estados financieros clave dentro del contexto de las normas contables relevantes. Al examinar las cuentas del balance, cuestiones como el reconocimiento, la valoración y la clasificación son claves para una evaluación adecuada. La pregunta principal debería ser si este balance es una representación completa de la posición económica de la empresa. Al evaluar el estado de resultados, el punto principal es evaluar adecuadamente la calidad de las ganancias como una representación completa del desempeño económico de la empresa. La evaluación del estado de flujos de efectivo ayuda a comprender el impacto de la posición de liquidez de la empresa en sus operaciones, inversiones y actividades financieras durante el período, en esencia, de dónde provienen los fondos, a dónde van y cómo fue la liquidez general de la empresa.

4. Analizar la rentabilidad y el riesgo actual

Este es el paso donde los profesionales financieros realmente pueden agregar valor en la evaluación de la empresa y sus estados financieros. Las herramientas de análisis más comunes son las relaciones clave de los estados financieros relacionadas con liquidez, gestión de activos, rentabilidad, gestión/cobertura de deuda y valoración de riesgo/mercado. Con respecto a la rentabilidad, hay dos preguntas generales que deben formularse: ¿qué tan rentables son las operaciones de la empresa en relación con sus activos?, independientemente de cómo la empresa financia esos activos, y ¿qué tan rentable es la empresa desde la perspectiva de los accionistas?. También es importante aprender a desglosar las medidas de retorno en factores de impacto primarios. Por último, es fundamental analizar cualquier índice de estado financiero de manera comparativa, observando los índices actuales en relación con los de períodos anteriores o en relación con otras empresas o promedios de la industria.

5. Prepare los estados financieros previstos.

Aunque a menudo son desafiantes, los profesionales financieros deben hacer suposiciones razonables sobre el futuro de la empresa (y su industria) y determinar cómo estos supuestos afectarán tanto los flujos de efectivo como la financiación. Esto a menudo toma la forma de estados financieros pro forma, basados en técnicas como el enfoque de porcentaje de ventas.

6. Valorar la empresa.

Si bien existen muchos enfoques de valoración, el más común es un tipo de metodología de flujo de efectivo descontado. Estos flujos de efectivo podrían ser en forma de dividendos proyectados, o técnicas más detalladas, como los flujos de efectivo libres para los tenedores de capital o en base a la empresa. Otros enfoques pueden incluir el uso de la valoración relativa o medidas basadas en la contabilidad, como el valor agregado económico.

Referencias Bibliográficas

Bodoo, S. (2014). El camino hacia la libertad financiera. Recuperado de https://books.google.com.pe/books?id=Sz2 lAwAAQBAJ&printsec=frontcover&dq=lib ertad+financiera&hl=en&sa=X&ved=0ahU KEwiYsrmFs4vlAhUEvFkKHb-KDAAQ6AEIKzAA#v=onepage&q=libert ad%20financiera&f=false

Deambrogio,V. (2004). Guía básica hacia la libertad financiera. Recuperado de https://books.google.com.pe/books?id=ICJ G4n6h128C&pg=PA3&dq=libertad+financi era&hl=en&sa=X&ved=0ahUKEwiYsrmFs 4vlAhUEvFkKHb-KDAAQ6AEIUjAF#v=onepage&q=liberta d%20financiera&f=false

Robin,V. y Dominguez, J. (1992). Your Money or Your Life, Viking. Your Money or Your Life. Recuperado de https://yourmoneyoryourlife.com/book-summary/

Fisker,J (2010) Early Retirement Extreme: A philosophical and practical guide to financial independence. Recuperado de https://epdf.pub/early-retirement-extreme-a-philosophical-and-practical-guide-to-financial-indepe.html

Cummuta, J.(2002) "The Myths & Realities of Achieving Financial Independence". Recuperado de https://www.nightingale.com/articles/the-myths-realities-of-achieving-financial-independence/

Bryant, B. (2018). Las ventajas y Desventajas de los análisis de los estados financieros. Recuperado de https://www.cuidatudinero.com/13182105/las-ventajas-y-desventajas-de-los-analisis-de-estados-financieros

Concha, P. (2004). Evaluación de estados financieros. Recuperado de https://books.google.com.pe/books?id=8LR1BznKRjIC&pg=PA30&dq=principios+de+los+estados+financieros&hl=en&sa=X&ved=0ahUKEwj_jdPgsovlAhUNjlkKHeiSBGAQ6AEIOzAC#v=onepage&q=principios%20de%20los%20estados%20financieros&f=false

9 781647 770112